AF591815

COLLECTION DE M. F. C...

TABLEAUX MODERNES

VENTE HOTEL DROUOT, SALLE N° 8

Le Jeudi 21 Décembre 1882

A DEUX HEURES

EXPOSITION LE MERCREDI 20 DÉCEMBRE 1882

DE UNE HEURE A CINQ HEURES

Me Paul CHEVALLIER	M. HARO ✻
COMMISSAIRE-PRISEUR	PEINTRE-EXPERT
SUCCESSEUR DE Me CHARLES PILLET	14, rue Visconti
rue Grange-Batelière, 10	et rue Bonaparte, 20

1882

Motteroz, Adm.-Direct. Imp. réunies, A

CATALOGUE

DES

TABLEAUX MODERNES

COMPOSANT LA

COLLECTION DE M. F. C...

DONT LA VENTE AURA LIEU

HOTEL DROUOT, SALLE N° 8

Le Jeudi 21 Décembre 1882

A DEUX HEURES

EXPOSITION LE MERCREDI 20 DÉCEMBRE 1882

DE UNE HEURE A CINQ HEURES

M° PAUL CHEVALLIER
COMMISSAIRE-PRISEUR
(SUCCESSEUR DE M° CHARLES PILLET
rue Grange-Batelière, 10

M. HARO ✻
PEINTRE-EXPERT
14, rue Visconti
et rue Bonaparte, 20

1882

CONDITIONS DE LA VENTE

Elle sera faite au comptant.

Les acquéreurs payeront en sus des adjudications *cinq pour cent*, applicables aux frais.

CE CATALOGUE SE DISTRIBUE

A PARIS, CHEZ

Me Paul CHEVALLIER	M. HARO ✻
COMMISSAIRE-PRISEUR	PEINTRE-EXPERT
SUCCESSEUR DE Me CHARLES PILLET	14, rue Visconti
10, rue Grange-Batelière	et rue Bonaparte, 20

La petite collection que nous présentons au public offre un intérêt réel aux amateurs et aux critiques, leur facilitant, avant sa dispersion, une étude comparative entre certains peintres modernes et leurs élèves.

Plusieurs tableaux de cette collection ont figuré avec honneur à l'exposition rétrospective des œuvres de Courbet que nous avons organisée à l'École des Beaux-Arts. Cette exposition, remettant sous les yeux du public la plupart des œuvres de celui qu'on appelait le maître peintre d'Ornans, a permis, tout en les classant, de les authentiquer pour ainsi dire et de juger de la fécondité et de la variété de son talent.

Nous signalerons, ici et en premier, le beau portrait de Suisse — M. Suisse, ancien modèle, fonda une Académie où étudièrent bien des peintres de notre temps, — Courbet a peint ce portrait en pleine pâte avec une science de métier incomparable et un degré de maîtrise que l'on retrouve dans ses œuvres principales, l'*Atelier*, le *Combat de Cerfs*, la *Remise des Chevreuils*, les *Casseurs de pierres*, le *Château d'Ornans*, etc., et dans ses beaux *Paysages de Mer*, qui lui ont fait prendre place parmi les plus robustes dans la grande famille des peintres.

Sur la fin de sa vie, devant produire beaucoup et vite, Courbet dut se faire aider par des élèves de talent auxquels il avait plus ou moins appris le secret de la finesse de ses tons et dont il avait guidé la main dans le maniement du couteau à palette, où il était passé maître et même inventeur.

Il avait trouvé chez M. Pata, qui vécut avec lui les dernières années, un auxiliaire précieux, un élève docile qui, ayant épousé sa manière, devint son aide de prédilection. Dans cette vie de rapports continuels, M. Pata grandit et en arriva à si bien s'immiscer à son maître, que Courbet, qui appréciait fort ses ouvrages, en fit son collaborateur principal.

Cette collection possède plusieurs paysages remarquables de cet artiste ; les amateurs pourront le juger et lui assigner la place qui lui est due à côté de son maître. Mentionnons également un tableau de M. Marcel Ordinaire, autre élève de Courbet ; des petites toiles de Vollon, Robert-Fleury, Hannoteau, Feyen-Perrin, Ségé, etc., qui, sans être de première importance, donnent chacune en leur genre un aperçu du talent de nos maîtres modernes.

HARO.

TABLEAUX MODERNES

DÉSIGNATION

TABLEAUX MODERNES

AITA (M.)

1 — La Visite au prisonnier.

Signé à droite.

T. — H. 0,32. L.

ANDRÉ (Ch.)

2 — Une Ferme aux environs de Fontainebleau.

Signé à gauche.

T. — H. 0,21. L. 0,27.

ARUS (R.)

3 — En Vedette.

Signé à droite.

B. — H. 0,12. L. 0,11.

BRACONY

4 — La Récolte.

D'après Saint-Jean, par Bracony.

T. — H. 0,45. L. 0,

CALLIAS (H. DE)

5 — Les bords de la Seine.

Signé à droite et daté.

T. — H. 0,25. L. 0,16.

CARTIER (Ch.)

6 — Une Ferme à Cires-lès-Mello.

Signé à gauche.

T. — H. 0,45. L. 0,30.

CARTIER (Ch.)

7 — Les douvres de Guernesey.

Signé à droite et daté 1875.

B. — H. 0,16. L. 0,25.

CARTIER (Ch.)

8 — Sous bois, à Clamart.

Signé à droite.

T. — H. 0,26. L. 0,50.

CARTIER (Ch.)

9 — Les bords de la Marne à Charenton.

Signé à droite et daté 1875.

T. — H. 0,44. L. 0,58.

CARTIER (Ch.)

10 — Une rue d'Arcueil-Cachan.

Signé à gauche.

T. — H. 0,45. L. 0,33.

CARTIER (Ch.

11 — Les Ternes (Musée de Cluny).

Signé à droite.

T. — H. 0,40. L. 0,32.

CARTIER (Ch.)

12 — Environs de Guernesey.

Signé et daté.

B. — H. 0,24. L. 0,40.

CHARDIGNY (J.)

13 — Boule-dogue.

T. H. 0,32. L. 0,40.

CHARDIGNY (J.)

14 — Rivière d'Indre.

B. — H. 0,27. L. 0,20.

CHARDIGNY (J.)

15 — Nature morte, légumes et accessoires de cuisine.

Signé avec une dédicace.

T. — H. 0,49. L. 0,60.

CHARDIGNY (J.)

16 — Gigot, nature morte, et accessoires de cuisine.

Signé à droite et daté 1875.

T. — H. 0,53. L. 0,85.

CIBOT (E.)

17 — Jeune fille d'Unterseen, étude.

T. — H. 0,36. L. 0,26.

COURBET (GUSTAVE)

18 — Portrait de M. Suisse.

A figuré à l'Exposition particulière de 1867.

A figuré à l'Exposition rétrospective des œuvres de Courbet, à l'École des beaux-arts, sous le n° 43.

Signé à gauche G. Courbet.

T. — H. 0,58. L. 0,48.

COURBET (GUSTAVE)

19 — La ferme des Poucets, près du fort de Joux (Pontarlier).

A figuré à l'Exposition rétrospective des œuvres de Courbet à l'École des beaux-arts sous le n° 85.

Signé à gauche G. Courbet et daté 1864.

T. — H. 0.55. L. 0,65.

COURBET (GUSTAVE)

20 — Les bords de la Charente au fort Bertaud, Baigneuses.

A figuré à l'Exposition particulière de 1867.

A figuré à l'Exposition rétrospective des œuvres de Courbet à l'École des beaux-arts sous le n° 87.

Signé à gauche G. Courbet.

H. 0,54. L. 0,65.

COURBET (Gustave)

21 — Le Grand-Mont, sur le lac de Genève.

Signé à droite et daté.
Provenant de la collection de Mlle J. Courbet.

T. — H. 0,53. L. 0,64.

ETEX (Antoine)

22 — Eurydice.

T — H. 0,32. L. 0,23.

FEYEN-PERRIN (A.)

23 — Pêcheurs débarquant leurs poissons.

T. — H. 0,26. L. 0,40.

GARCEMENT

24 — Paysage (environs de Paris).

C. — H. 0,26. L. 0,35.

GÉNIX

25 — La Vanne. Bords de rivière.

Signé à gauche.

B. — H. 0,13. L. 0,18.

GILBERT (G.)

26 — Labourage nivernais; le Sombrage d'après Rosa Bonheur.

T. — H. 0,54. L. 1.02

GUILLEMET

27 — La rivière d'Arques à Dieppe.

Signé à gauche et daté.

T. — H. 0,39. L. 0,56.

GUILLEMET

28 — Les Chaumières, lisière de forêt.

Signé à gauche et daté.

T. — H. 0,32. L. 0,40.

HANNOTEAU (Hector)

29 — La Mare aux Oies (Nièvre).

Signé à droite.

B. — H. 0,19. L. 0,26.

HOURY (Ch.)

30 — Paysage.

Porcelaine.

H. 0,21. L. 0,13.

INGRES (d'après)

31 — Portrait de Chérubini.

T. — H. 0,35. L. 0,27.

JACQUAND (Claudius)

32 — Robespierre, pêcheur de Calais, 1855.

Signé à gauche.

T. — H. 0,37. L. 0,27.

LECLERC

33 — Une maison dans un parc.

B — H. 0,13. L. 0,20.

LEGRIP

34 — Eglise de Sartrouville près Poissy.

Signé à gauche.

T. — H. 0,33. L. 0,48

LUKASZEWSKI (Casimir)

35 — L île des Ravageurs, à Clichy-la-Garenne.

T. — H. 0,30. L. 0,50.

LUKASZEWSKI (Casimir)

36 — Portrait du peintre Chardigny.

T. — H. 0,55. L. 0,41.

LUKASZEWSKI (Casimir)

37 — Poulet, nature morte et divers accessoires.

T. — H. 0,53. L. 0,64.

LUKASZEWSKI (Casimir)

38 — Lapin, nature morte, chaudron, etc.

Signé du monogramme.

T — H. 0,53. L. 0,64.

MARCELLO (A.) (duchesse Colonna).

39 — Portrait de la mère Michel.

Désignation donnée par la duchesse Colonna.
Signé à droite.

T. — H. 0,43. L. 0,33.

MARÉCHAL (Charles-Laurent)

40 — Tête de jeune garçon (Étude).

Signé à gauche.

T. — H. 0,17. L. 0,21.

ORDINAIRE (Marcel)

41 — Le ruisseau du Puits noir, près Ornans (Doubs).

Signé à droite.

T. — H. 0,73. L. 0,60.

ORME (Georges)

42 — Jardin du Luxembourg.

Signé à gauche

T. — H. 0,46. L. 0,56.

PATA (C.)

43 — Maison habitée par Gustave Courbet pendant son exil; à la Tour de Peilz, près Vevey (Suisse), où il est mort le 31 décembre 1877.

Au premier plan, le peintre Courbet, à son chevalet, entouré de quelques amis.
Signé à droite.

T. — H. 0,36. L. 0,62.

PATA

44 — Lac des canards sur le Wildhorn à 2800 mètres de hauteur (Suisse).

Signé en toutes lettres à droite et daté.

T. — H. 0,36. L. 0,41.

PATA

45 — La Seine. Environs de Corbeil, vue prise au Coudray.

Signé à droite et daté 1876.

T. — H. 0,35. L. 0,62

PATA

46 — La vieille route de Chantrans, près Ornans (Doubs).

Signé à gauche et daté 1878.

T — H. 0,49. L. 0,60.

PATA

47 — Village de Chailly-sur-Clarens, près la Tour de Peilz. Effet de neige (Suisse).

T. — H. 0,64. L. 0,80.

PATA

48 — Marchand d'oranges à Alger.

Signé à droite et daté 1881.

T, — H. 0,54. L. 0,45.

PATA

49 — Ville de Sion (Suisse).

Signé à droite et daté 1876.

T. — H. 0,48. L. 0,72.

PATA

50 — Pont de la Morge. Effet de neige (Suisse).

Signé et daté 1877.

T. — H. 0,49. L. 0,74.

PATA

51 — Sous bois, à Saint-Léonard, Valais (Suisse).

Signé en toutes lettres et daté 1876.

T. — H. 0,59. L. 1,05.

PATA

52 — Vaches, à Saint-Étang-de-Bex (Suisse).

Signé en toutes lettres à droite et daté 1876.

T. — H. 0,45. L. 0,55.

PATA

53 — Marine. Environs du Havre.

Signé à gauche et daté 1877.

T. — H. 0,31. L. 0,40.

PATA

54 — Falaises : Bords de la mer.

Signé et daté.

T. — H. 0,47. L. 0,60

PATA

55 — Château de Mont-sous-Vaudrey (Jura).

Signé à droite.

H. 0,59. L. 0,48.

PATA

56 — Vue des montagnes des Alpes.

Signé à droite avec une dédicace.

T. — H. 0,39. L. 0,55

PATA

57 — Village de Brumois, près Sion (Valais). Effet de neige.

Signé à gauche et daté 1876.

T. — H. 0,49. L. 0,75.

PATA

58 — Un vieux Moulin dans le Valais (Suisse).

Signé à droite et daté 1876.

T. — H. 0,55. L. 0,45.

PATA

59 — Village des Planches, près Arbois.

Signé à gauche et daté 1880.

T. — H. 0,45. L. 0,55.

PATA

60 — Environs d'Étretat : Marine.

Signé à droite et daté.

T. — H. 0,48. L. 0,59.

PATA

61 — Roches de Saint-Loup, près Ornans (Doubs).

Signé à droite et daté 1879.

T. — H. 0,39. L. 0,45.

PATA

62 — Pont près l'usine Perneau, à Cuvé, Val de Travers (Suisse).

Signé à droite et daté 1878.

H. 0,45. L. 0,60.

PATA

63 — Le Torrent de Triant, Valais (Suisse).

Signé à droite et daté 1874.

T. — H. 0,80. L. 0,64.

PATA

64 — Route du château de Monthorge, près Sion (Suisse).

Signé à droite.

T. — H. 0,41. L. 0,65.

PATA

65 — Roches de Saint-Rocques, près Ornans. Effet de neige.

Signé à droite et daté 1879.

T. — H. 0,39. L. 0,45.

PATA

66 — Plateau de Châtillon, près Paris.

Signé à droite et daté.

T. — H. 0,34. L. 0,55.

PATA

67 — Gorges de Triant, Valais (Suisse).

Signé à gauche et daté 1874.

T. — H. 0,80. L. 0,64.

PATA

68 — La Loue, près Mézières (Doubs).

T. — H. 0,58. L. 0,72.

PATA

69 — Intérieur de Forêt. Effet de neige.

T. — H. 0,20. L. 0,15.

PATA

70 — La Femme au Perroquet, d'après Courbet.

T. — H. 1,00. L. 1,45.

PATA

71 — Mort de Virginie, d'après Bertrand (James).

T. — H. 0,62. L. 1,40.

PERRET (Antoine)

72 — Chrysanthèmes.

H. 0,48. L. 0,39

ROBERT-FLEURY

73 — Pêcheur Napolitain.

Signé à droite et daté 1875.

B. — H. 0,47. L. 0,29

SÉGÉ (Alexandre)

74 — Les chênes de Kertregonnec.

Signé à droite avec dédicace.

T. — H. 0,20. L. 0,30.

THOMPSON

75 — Port de Saint-Valery (Somme).

Signé à gauche.

T. — H. 0,48. L. 0,67

TOMPSON

76 — Marée basse.

T. — H. 0,48. L. 0,67.

TOURNEMINE (Charles)

77 — Plage à marée basse.

Signé à gauche.

T. — H. 0,18. L. 0,35.

VERNIER (Emile)

78 — Bateau de pêche.

Signé à droite.

B. — H. 0,30. L. 0,40.

VOLLON (Antoine)

79 — Poissons et Crevettes.

Signé A. Vollon à gauche.

B. — H. 0,22. L. 0,33.

?

80 — Intérieur de Forêt. Environs de Fontainebleau. Étude.

H. 0,18. L. 0,27.

?

81 — La Rencontre. Paysage.

H. 0,13. L. 0,40.

?

82 — Intérieur de la Forêt de Fontainebleau.
Étude.

H. 0,19. L. 0,25.

?

83. — Portrait d'une femme blonde.

H. 0,06. L. 0,13.

Monogramme F. B. K.

---

84 — Sous ce numéro seront vendus les tableaux non catalogués.

MARBRE

DAGAND

85 — Main d'une petite fille.

H. 0,16. L. 0,13

MOTTEROZ, Adm.-Direct. des Imp. réunies, A, rue Mignon ,2

www.ingramcontent.com/pod-product-compliance
Ingram Content Group UK Ltd.
Pitfield, Milton Keynes, MK11 3LW, UK
UKHW021528260726
13993UKWH00004B/1877